青少年心理深呼吸丛书

敌意，一边儿去（修订本）

DIYI YIBIANER QU

张晓舟 著

封文君 绘

四川大学出版社

责任编辑:王　玮
责任校对:刘　畅
封面绘画:大卫·凯力力
封面设计:青于蓝
责任印制:王　炜

图书在版编目(CIP)数据

敌意，一边儿去 / 张晓舟著；封文君绘. —修订本. —成都：四川大学出版社，2018.6
（青少年心理深呼吸丛书）
ISBN 978-7-5690-2037-3

Ⅰ.①敌…　Ⅱ.①张…　②封…　Ⅲ.①心理交往-社会心理学-青少年读物　Ⅳ.①C912.11-49

中国版本图书馆 CIP 数据核字（2018）第 150629 号

书名　敌意，一边儿去（修订本）

著　　者　张晓舟
绘　　画　封文君
出　　版　四川大学出版社
地　　址　成都市一环路南一段 24 号（610065）
发　　行　四川大学出版社
书　　号　ISBN 978-7-5690-2037-3
印　　刷　郫县犀浦印刷厂
成品尺寸　145 mm×210 mm
印　　张　4
字　　数　109 千字
版　　次　2018 年 10 月第 2 版
印　　次　2018 年 10 月第 1 次印刷
定　　价　19.80 元

◆读者邮购本书,请与本社发行科联系。
电话:(028)85408408/(028)85401670/
(028)85408023　邮政编码:610065
◆本社图书如有印装质量问题,请寄回出版社调换。
◆网址:http://press.scu.edu.cn

写在前面的话

青少年时期是人生成长的关键时期。青少年面临巨大的学习压力，不仅需要全面学习知识、提升认识、增强能力、丰富经验，而且需要突破自我，在自我否定中发展自我；有时还不得不面对父母、老师规划的路线与自我需求之间的矛盾冲突。心理学家据此把青少年成长期称为挣扎期。这一时期青少年出现较多心理困扰和心理问题是难免的。但这些心理困扰和心理问题多为情境性和一时性的，是其成长过程中知识、经验、能力、精力不足和外部环境压力太大所致，这些心理困扰可以通过辅导和自学有关知识得以解决。学习自我解决心理困扰，也是青少年成长的一个重要方面。

现在越来越多的心理学自助读物和心理辅导读物面世，这对处于挣扎期的广大青少年是一个福音。但是现在青少年学习压力大、时间少，亟须更简略、更生动形象地讲解心理学基本知识的读物。我们希望这套《青少年心理深呼吸丛书》可让大家轻松愉快地了解心理学的实用知识。

从心理学角度看，做深呼吸可以帮助我们遇事冷静下来，从而更客观地评估情境，更好地选择处理问题的方式。从时间上来说，做深呼吸为我们的瞬时反应争取了时间，我们可以更从容地组织自己的资源。我们希望这套漫画丛书让青少年朋友面对问题时做做心理“深呼吸”，从容应对。

在书中我们比较强调通过调动自我内心资源来解决心理困惑和成长中的烦恼，希望大家多问问自己“我到底要什么”来审视自己内心的真正需要，强调通过改变价值追求、思维模式、生活态度，尝试新的应对模式来消除自己的心理困惑。

我们希望青少年朋友用书中介绍的方法来改变自己的心态，学会在更广阔的背景中，更长远的发展阶段中来认识自己，看待身边的事情，思考社会和生活，提升自己的心理素质。

《青少年心理深呼吸丛书》面世以来，多次重印，深受广大读者喜爱。我们借这次再版机会，对第一版的内容进行了少量修订；同时，将《解释，改变生活》书名更改为《谬见，一边儿去》，使本丛书在形式上更趋一致。希望再版后的《青少年心理深呼吸丛书》能给读者带来新的启迪和帮助！

本丛书再版封面得到了美国电气工程博士大卫·凯力力（Dr. Davood Khalili）的倾力相助。他曾著有绘本《波波力谈生活与科学》（*A Bird Named Boboli: Life and Science*），他的作品想象奇特，充满趣味。在此，我们向凯力力博士表示衷心的感谢！

张晓舟

2018年6月

目录

1 什么是敌意

在日常生活中，我们经常会遇到一些满怀敌意的人，他们不分是非曲直，把矛头指向特定对象，采取不同方式的言行攻击。

敌意是一种很复杂的情绪。它包含仇视、敌对、怨恨等情绪，并常常伴有攻击性言论或行为。

敌意是人们常见的一种情绪和态度，当个人感受到利益上的威胁或伤害、价值诉求上的对立或挫折，或者自己心中的怨恨没有得到适当宣泄，郁结在心，敌意情绪就产生了。

既生瑜，
何生亮！
腹黑
周兄，
淡定，冷
静……

在日常生活中，我们既可能面对他人的敌意，也可能对他人产生敌意。

新开学，同桌就是个傻小子呢！
不知道是谁更加“四肢发达，头脑简单”呢？
还挺牙尖嘴利的嘛……
生气

在日常生活中，敌意的表达方式有很多种，有人把敌意藏在心里，也有人通过攻击性言论或行为表达出来。

小意有了敌意的表现
早在心里把你埋怨千百遍了！
心烦意乱
小迪有了敌意的表现
实话说就是你很讨厌！十分讨厌！
上辈子倒了霉才遇上你！
我真是受不了你！不要再出现在我面前了！
滔滔不绝
小刚有了敌意的表现
什么也不用说了！上拳头吧！
摩拳擦掌

拒绝配合、合作和交往是敌意最浅表的表示。

小迪，帮我一下吧！
我没空。
悠闲
小迪，我们一起完成小组作业吧！
哼
不用了，犯不着你操心，我自己会做。
小迪，我……
快步走开
停！我不想和你讲话！

攻击行为则是敌意最可能的表达方式（恶毒的口头攻击、造谣、诽谤以及对身体的攻击）。

恶毒的口头攻击
假如丑能杀人，那你的丑可以杀死十万人了！哼，丑八怪！
好过分！
诽谤
我乃小女子，不是男子汉大丈夫！哼，惹了我，看我不在背后说你坏话……
身体冲突
不好啦！
看我为民除害！

用眼神杀人，是我们最熟悉的敌意表达方式。

敌意就像希腊神话中的怪物美杜莎，看什么，什么就变成石头。看见美好和善意，美好和善意也变成了冰冷的石头。

敌意是种很复杂、很纠结的情绪，有时是对我们内心自卑、怯懦、骄横、自我保护、低能等的掩饰。

自卑者，通过对他人的敌意来消除自己的自卑。

小迪的期中考试成绩又不及格，小意考了个好成绩，想帮小迪复习。
我知道你成绩好得不得了！我可受不起你的辅导，我自己会复习！
我是真心想帮你的……
吃货
巧克力！
真可惜，家里特意为你准备的巧克力也只好扔了……

怯懦者为了不让他人发现自己的怯懦，会采取先发制人的敌对行为。

散步中
抢不抢得过呢？不行吗？
谁？
嗷！
干吗？我有自己的食盆。
先下手为强！不行也得吓他一下！
才不会和你抢呢……

骄横者对周围人的“不敬”言行，不满意时就会有强烈敌意。

小心……
什么都不用说了，本大爷的决定是不会改的……
啪！
绊倒
算你狠！故意想看我出丑吧！
生气
我刚才就是想提醒你……
可你不听。

一些人则想通过敌意来保护自己。

全副武装
我对别人凶点，少接触人，保护自身利益。
别烦我！
走开！
真搞笑！
干吗？
行为艺术！
怪人，离他远点。
同意！

低能者无法应对处理周围环境矛盾时，也会表达出敌意来。

主人心情不好，我去和他玩，让他开心吧！
唉声叹气
新学校各种不适应……烦！
更生气了吗？
连你都来烦我！滚开！

思考练习

你觉得自己有过敌意吗？是经常还是偶尔？

2 敌意产生的原因

不公平的遭遇。

这次刚仔考了100分，大家要向他学习啊！
哈哈，太爽了！
得意洋洋
明明是带小抄，哼！真不公平！
……
哎，算了，下次再努力吧！
老师！
拍案而起
啪

老师！他考试全是靠小抄！
啊！不是吧！？这么快就被发现了……
小迪，你这么说有什么证据吗？
哈哈！没有证据就不要血口喷人！嫉妒羡慕就明说！
这……小抄早被你扔了……呃……
得意洋洋
小迪，下次不要冤枉同学……
哈哈
哈哈
哈哈
呜呜，这个世界不公平……

好胜心太强。

小迪，期末考试快到了，我们一起复习吧？
没门！想看我的复习资料？想赶超我的复习进度？……这是不可能的！

戒备心太重。

离他远点……
捂紧大衣
电影里戴墨镜的都是坏人！
只是一个在等车的路人

警觉
这群人一定是小混混，这么高声喧哗。
喧哗
吵闹
哈哈
只是一群喝醉了的路人

啊！那个人长得好奇怪！该不会是外星人的潜伏部队吧？
呃？
路过

心胸狭隘。

爱好不同
身为男孩，居然不喜欢打篮球！哼，真是个怪胎！
呃……也有不擅长运动的男生的……
意见不同
你是不是对我不满啊？
不敢……

观点不同
你的观点和我不同，那就表示你是错的……
都不听听人家的意见……真是的……
习惯不同
你这人怎么用左手拿筷子！太奇怪了！
天生就这样……

感受到威胁。

旺旺之家

啊！好可爱的狗狗！

在交往中，对方投射的威胁性信息刺激了我们，我们就会产生敌意。如果对方的本意并没有威胁性，但我们把对方发出的信息解读为威胁，也会产生敌意。青少年缺乏经验，常误读对方发出的信息，又缺少应对措施，就容易产生敌意。

好可爱
警觉！
气愤！
啪！
敌意！

情绪化。

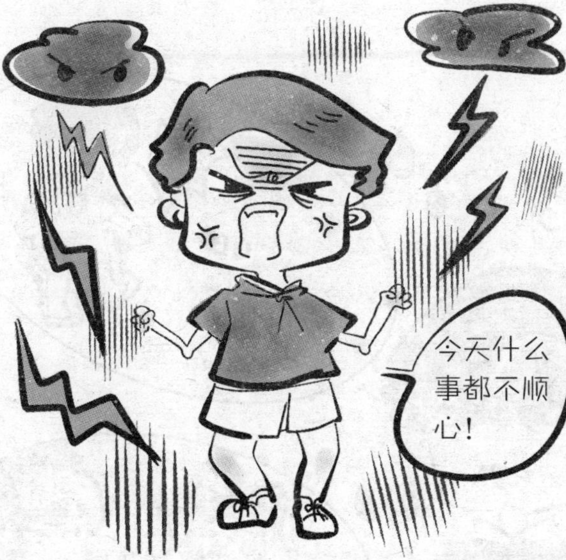
今天什么事都不顺心！

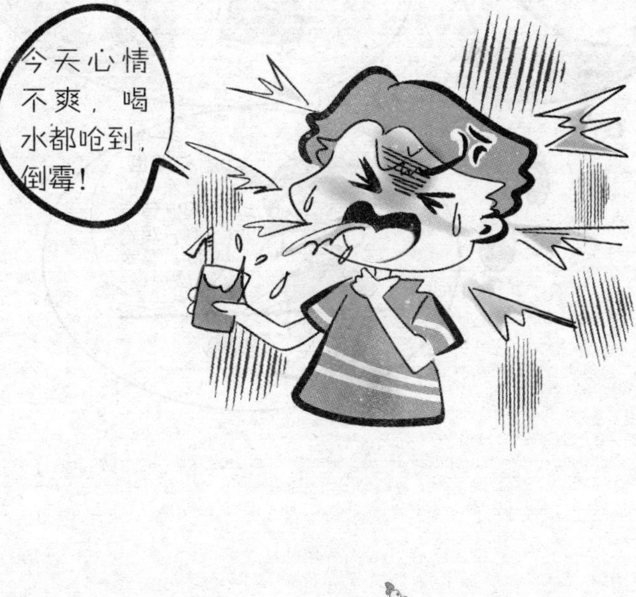
今天心情不爽，喝水都呛到，倒霉！

你挡路了！
呜
啊
丑八怪
这菜也是人吃的吗？鱼有刺，鸡太硬，菜太咸……

维持自尊的扭曲形式。

又不及格？会被妈妈骂吧……
……
羞愧
哟！又不及格啊！老师让我来辅导你。
谁……谁要你辅导！

敌意有时候是一些人保护自尊心的做法，或者是一些人保护自己尊严的做法。当我们感到羞辱或羞耻时，我们可能会对他人产生敌意；青春期的少年逞强好胜，对傲慢的人也容易抱有敌意。

正义表象下的敌意。

有些人以为自己是在维护公共秩序，对有违公共道德的行为产生愤怒和敌意。

可是小弟弟，现在是行人红灯、车行绿灯啊！你是不是搞反了？
没看见有行人要过马路吗？你只管往前开，不管行人的生命安全了吗？你太没公德心了！
嘟嘟

嚼嚼
又在“吧唧吧唧”地嚼口香糖，吵死了！该不会想随地乱吐吧？
口香糖不就是用来嚼的吗？我不会乱吐……你急什么……

今天是我生日……穿这条裙子去参加生日聚会没什么吧？
穿些奇装异服，简直不像个小学生！真碍眼！

只是削个苹果而已，不用大惊小怪吧？
光天化日之下，你竟然手持刀具！伤到我怎么办？

产生敌意的根本原因在于利益受到侵害。

胆小鬼！来打我啊！
这家伙！

看招，龟派气功！
啊！发飙了！快跑啊！

我们对可能侵犯自己利益的人和事处于警戒和敌对状态，对伤害自己利益的人处于仇视或攻击状态。

把自己利益看得重的人，利益防卫的范围更大，其利益也更容易被侵害，其敌意也就更容易发生。

这是我的防区！
那是我的管区！
左边是我的禁区！
右边是我的占领区！
全部不要靠近！靠后吧，绝对领域！
哇！好厉害！
他在发什么神经啊？
哈哈！
他这样太累了吧？
封他为“区长”吧！
他的防卫圈这么大？

愤世嫉俗的人看到的都是他不喜欢的人和事，也容易对周围的人和事充满敌意。青少年比较单纯，容易因愤世嫉俗而产生敌意。

只要人人都献出一点敌意，世界就可以充满敌意。
愤世嫉俗的眼镜
戴上有色眼镜看世人，看到的都是讨厌的人了！

历史包袱。

很多人时过境迁就放下了自己的敌意包袱，但有些人喜欢记仇，就会一直背负着沉重的敌意包袱。

5月9日
今天××还没还我钱；
××还瞪了我一眼。
5月10日
5月11日
5月12日
今天王强踩了我一脚……
5月13日

不知所措。

青少年由于缺乏应对复杂情境的经验，不知道如何对待和处理与他人的矛盾和来自他人的挑衅问题，也会直接、简单地用敌意来表达。

十组比赛全是你的原因才会输！
是我的错吗？
胡说！明明你自己才是最拖后腿的一个！
咦！居然反驳我！

操控欲望强的人喜欢他人听从自己的意见，一旦他人违背其意志，就会产生敌意。

武林盟主
你们想违抗我的命令吗？
他还真当自己是武林盟主？别傻了！
别理他，让他自娱自乐去吧！

当别人违背我们的意愿，成为我们实现愿望的障碍时，我们也容易产生敌意。

放暑假啦！
乐
真是烦死人，我不去！不去！就是不去！
小迪，妈妈暑假给你报了英语、数学、化学补习班，还有……
哀

周围的人确实做了让你痛恨的事情，你的敌意自然就产生了。

自己内心太孤独、太苦闷，感到难受，因此归罪于社会和他人。（学习对自己的选择负责，不要把问题都归罪于社会。）

那些混
蛋，老是
欺负我！
哼！我也不
是吓大的！
从今天开始，
他们就是我
的“敌人”！

其实，此时的敌意源于自我内心的困扰和纠结。

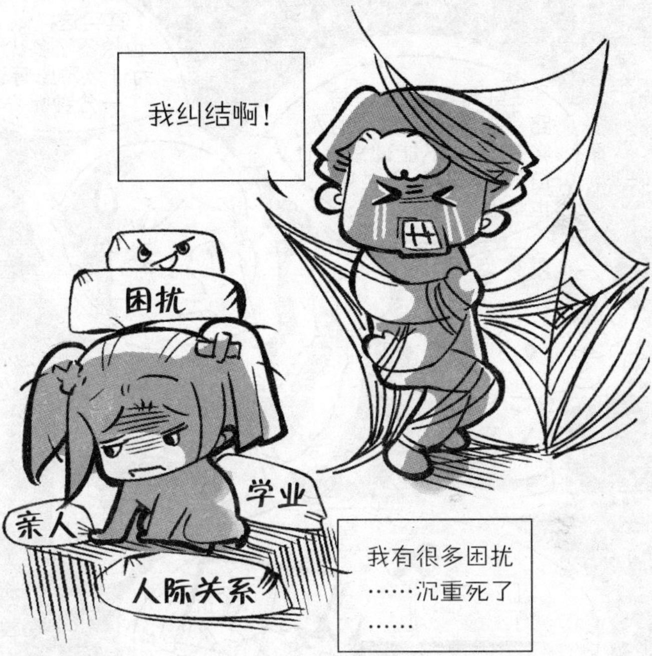
我纠结啊！
困扰
学业
亲人
人际关系
我有很多困扰
……沉重死了
……

故意有时和急躁情绪有关。

其实这样做
也快不了多少，
为什么不愿等这
一分钟呢？
在红灯亮时急穿马
路，在车流中穿插的人，
实在让人不能理解！让
自己处于危险之中，
也给他人带来不便。
危险！
红
灯

激烈的竞争和巨大的压力都可能让我们产生敌意。（竞争不仅是“第一”，常常也是敌意产生的原因。）

社会上、学校里确实有人德行不好，让人讨厌、憎恶，但是你不必花时间、精力去计较。尽可能地接纳自己，也尽可能地接纳他人。

思考练习

在什么情况下你会产生敌意？你知道背后真正的原因吗？

3 敌意对我们的影响

敌意虽然是我们表达自己不满最直接、最简单的方式，但它其实是最惹麻烦、伤人又害己的表达方式。

敌意消耗心力。敌意让人经常处于紧张和戒备状态；敌意招致的麻烦会耗费你太多的精力；敌意让你随时处于防御和进攻态势，耗费大量精力。

专心致志
同学们请把书翻到99页。
小迪和小刚在课堂上又在进行眼神的“无声对峙”。
激烈地对峙中

分散注意力。我们本应该专注于自己的主要目标，但敌意一旦产生，就成为我们注意的中心目标，使我们忘记主要目标。（本来是去打酱油的，与路人的争吵会让你忘记打酱油。）

降低效率。我们本来应该全力想办法解决问题，敌意会降低我们的效率。

小迪，请你来回答这个问题。
幸灾乐祸，一会儿要你好看！
哈哈！

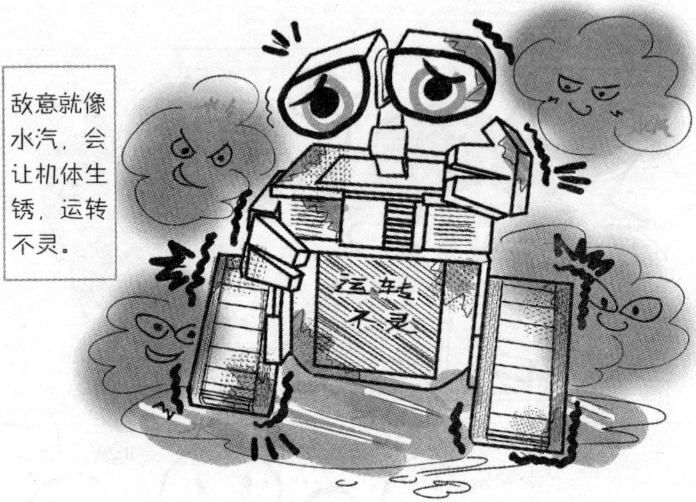
敌意就像水汽，会让机体生锈，运转不灵。
运转不灵

设置障碍（多个朋友多条路，少个敌人少堵墙）。

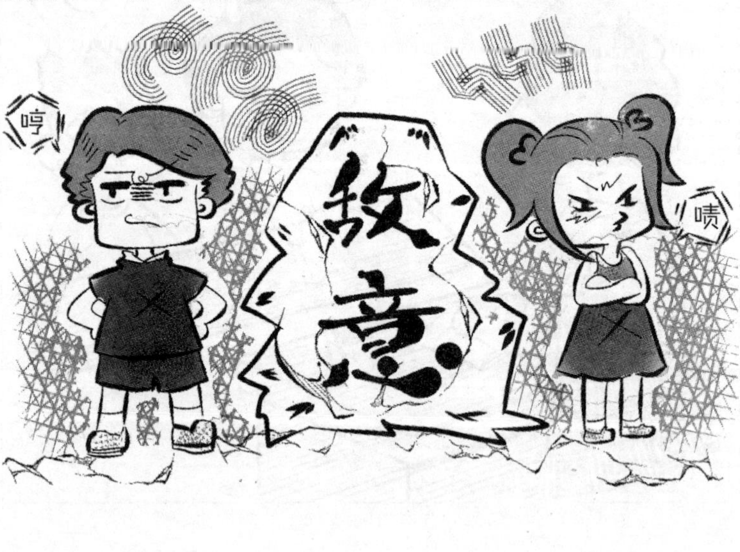
哼
敌意
啧

敌意带来报复和攻击。人际交往中有一条潜规则是对等原则：“礼尚往来”。你怎样对待我，我就怎样对待你。因此，敌意常常招致对立。

别怕，这是镜子，
以后看到它就要
“礼尚往来”了哟！
嘻嘻！
嘻嘻！

敌意在伤害对方的同时也伤害自己。

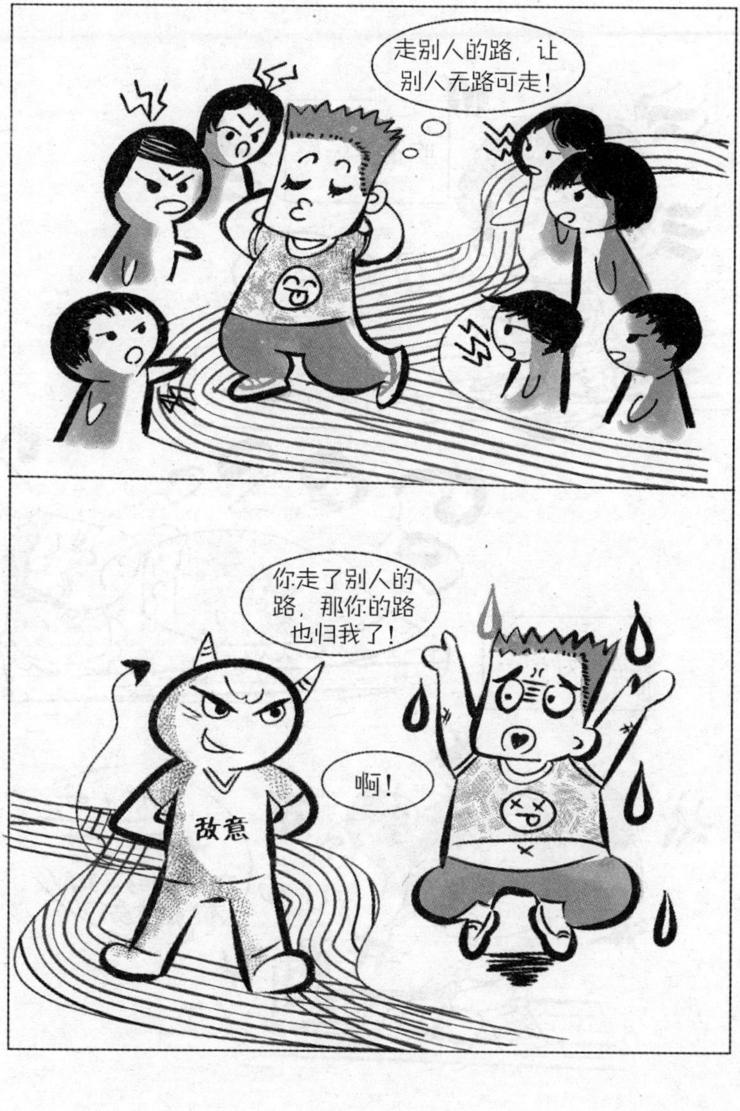
走别人的路，让
别人无路可走！
你走了别人的
路，那你的路
也归我了！
敌意
啊！

敌意让人郁闷，总是让自己处于不快乐状态。

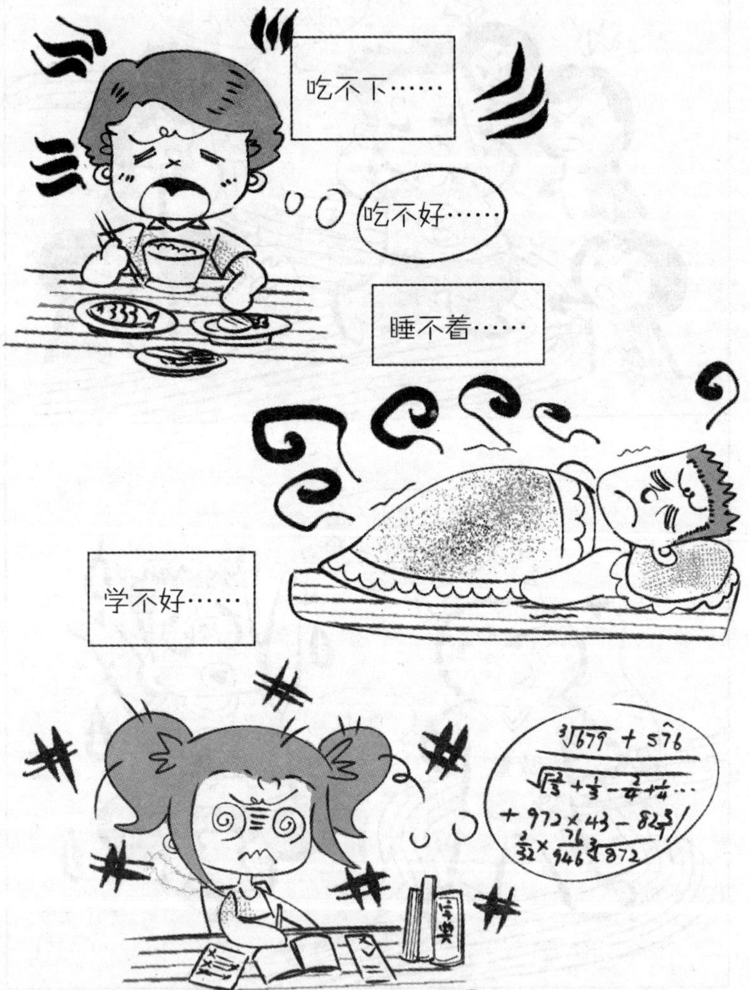
吃不下……
吃不好……
睡不着……
学不好……

敌意还导致人际关系的恶性循环。敌意招致对立和麻烦，徒增不满和郁闷，使自己处于易生敌意的恶性循环之中。

说谁呢？
你个大笨蛋！
我哪里无理取闹！分明是你！
就你！你简直就是无理取闹！
吵架
哼
哼
敌对
生气

敌意偶尔也可以激发人的斗志，但那更多是一种痛苦的挣扎。

敌意让自己成为人见人躲的“刺猬”。
敌意重的人，戾气也重，与社会格格不入，易与人发生矛盾，耗费自己大量的时间精力来进行不必要的争斗。

刺猬般的武装，伪装的勇敢啊！

经常抱有敌意的人，会发现自己与他人和社会格格不入。

因为你是方形。
他们为什么那么圆？为什么没棱角？
你会伤害我们。
我们不会和你做朋友！

敌意导致自己孤立和孤独。当你对他人有敌意时，你感受不到别人的关心，倍感孤独。

我就是敌意精！我让你交不了朋友，孤独终老！哈哈！
孤独
伤心

敌意越多，树敌越多；树敌越多，敌意越多，这就是敌意的马太效应。

对，对！就这样充满敌意！
敌意
你想随地大小便！没门，有我在就别想！
我会用狗狗厕所……别把我想得那么不爱干净……
嘻嘻
你别想着偷鱼吃！笨猫就是嘴馋！
敌意
谁馋了……我有吃的……喵……
哈哈！我压死你！
沉重
哎，为什么大家都不愿意和我说话了呢？
敌意
这人真讨厌……别理他……
哼！又是他，离他远点……
快走！不然又要被他数落……

长期的敌意，会积淀成为一种习惯。这种习惯让你总是处在敌对状态、戒备状态、紧张状态中。这是一种缺少快乐和满足的生活。（有的快乐建筑在他人的痛苦之上，但这种幸灾乐祸的心态让你离大家更远）。

有只河豚动不动就对别人充满敌意，从不给人好脸色看……
你好！
好什么好啊！我看你是太无聊了吧！
这……太凶了吧……
他每天都要生气！一生气就把自己胀得像个球，日复一日地胀大……
终于有一天……
嘭！
他不会再生气了，可他也不存在了……

敌意若成为一种习惯，将会影响人健康成长。

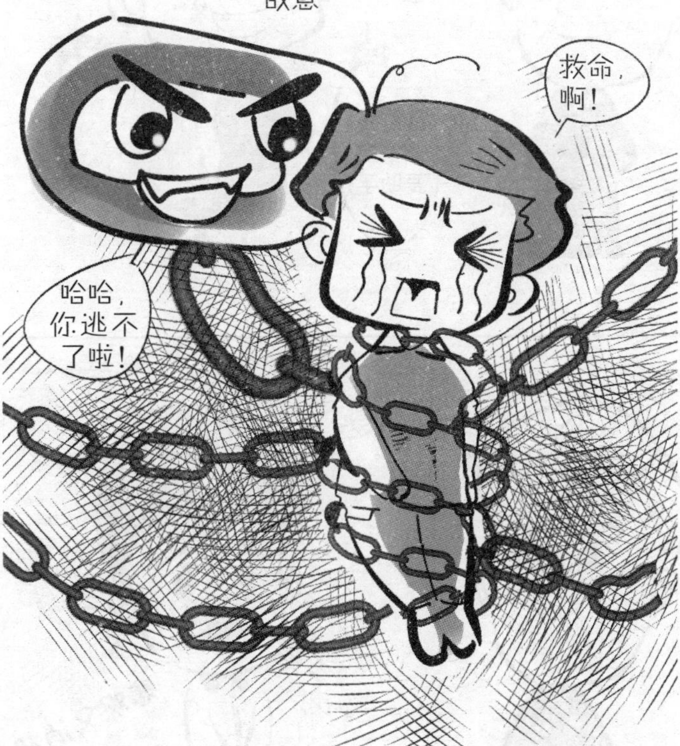
敌意
救命，
啊！
哈哈，
你逃不
了啦！

敌意还会让我们失去很多机会。

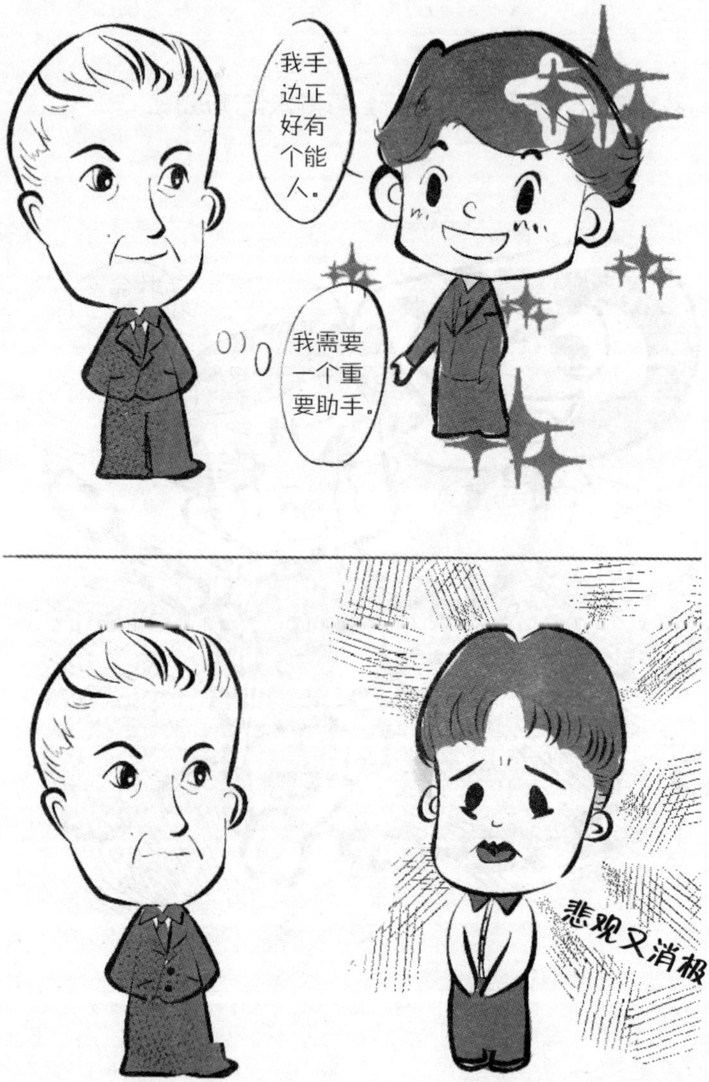
我手边正好有个能人。
我需要一个重要助手。
悲观又消极

为企业利益，老板你应该更努力，只有“新政”是不够的！
充满对他人的敌意
他很不友善啊！
你应聘成功了。
谢谢！
呜呜……我不行……
气死我了！居然不选我！什么眼光！

你介绍的助手
我不打算用。
为什么？
我不喜欢他的长相。
长相又不能自己决定……
一个人四十岁后就应该为自己的长相负责……

是的，我们的人生态度不仅会积淀在我们的性格中，也会改变我们的长相。不信，你就去看看周围人的长相和他的人生态度！

充满敌意会让我们错过许多机会！

敌意是种有害的情绪，自己树敌太多，也会伤害他人的善意和情感，让朋友远去。

太没用了！连这点小事都办不好！
大家是关心你啊！
小迪内心
我是好心好意啊！
我没招惹你啊！

敌意对自己身心健康极不利。

到处都是敌人！

心脏：好紧张，好难受！

胃：一直痉挛，好痛苦！

肺：快喘不过气了！

肾：一直在过量分泌激素！

思考练习

仔细想想你的敌意或他人对你的敌意会给你带来什么影响？

4 化解敌意的办法

那么，要怎样做才可以消除自己的敌意或他人对我们的敌意呢？

我们这一代人最伟大的发现就是：人们可以通过改变自己的心态来改变生活。

-----威廉·詹姆斯

有胆子你
就试试！
这儿有这么大
块石头挡路！让
我一脚踢开它！
别冲动！
小迪……

有一个石头样的
怪物横在路上。

哈哈！你来呀！
我变大！
呀！
好吓人
……
魂
都说了别踢它
了……别对它总
是充满敌意……

小迪用脚去踢，却越踢越大。

给予友好，
还以友好。
我来友好地摸摸你，别生气了。
对不起……
小意用手去抚摸它。

你心中敌意越大，路也就会越走越窄！
它真的变小了！我们快走吧！
减少敌意，
给予和谐。
怪物越摸越小。

这个怪物就是敌意。

怎样化解自我心中的敌意?

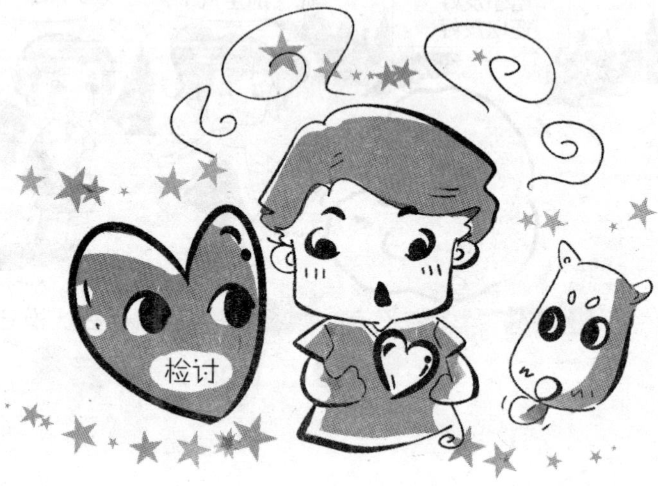
检讨

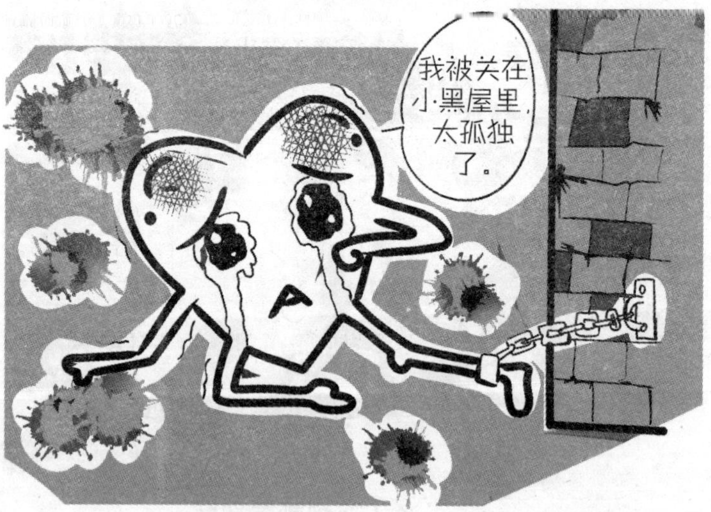
我被关在小黑屋里，太孤独了。

检讨自己。容易产生敌意的人必须检讨自己对待世界的心态。检查是否自己过于挑剔和苛刻，对周围的人和事不满意（挑剔不是“酷”，而是苦）。

初一 8班
今天你又迟到三秒钟！
真挑剔！
今天你的作业又有一个小黑点没弄干净……
真麻烦！

宽容。不要过分介意他人的对立行为，也许他根本不知道自己在做什么，也许你也不知道他为什么要这样做。我们都曾做过荒诞的事情，不能认同就理解他人吧，不能理解就宽容他人吧。宽容可给他人改错的空间，也能抚慰自己；宽容会让你随和，把一些别人看得很重的事情看轻一点儿；宽容可以避免激烈的冲突。

坦然面对嘲笑和批评（敞开怀抱，吸取新知）。当被人批评或嘲笑时，如果窘态毕露，或感到无地自容，就容易产生敌意。“脸皮厚点”，坦承不足，因势利导，把嘲笑当成动力。

提高自己对挫折的忍受力。笑骂由他，我自走自路（不要以敌意对敌意，或以牙还牙）。

风和日丽，爷爷带着小孙子去赶集。
路上遇到一位年轻人，他告诫小孙子："你爷爷这么大岁数了，你应该敬老，让爷爷骑毛驴！"
没多久，又遇到一位老奶奶，她对爷爷说："孩子还这么小，你应该爱幼，让他骑毛驴！"
小毛驴看着这祖孙俩大笑："哇！哈哈哈！"
结果到头来，他俩不知道该谁骑这头小毛驴。

用健康心态取代困扰，有问题解决问题，对事不对人。

检讨和认识自己的偏执，少一点“应该”和“必须”。学习从复杂的角度去理解世界。正如哲学家所说“存在即合理”，不要执着地去辨别黑与白。

应
该
自我检讨
到底谁黑谁白呢?
黑
白

求同存异，尊重他人的选择。

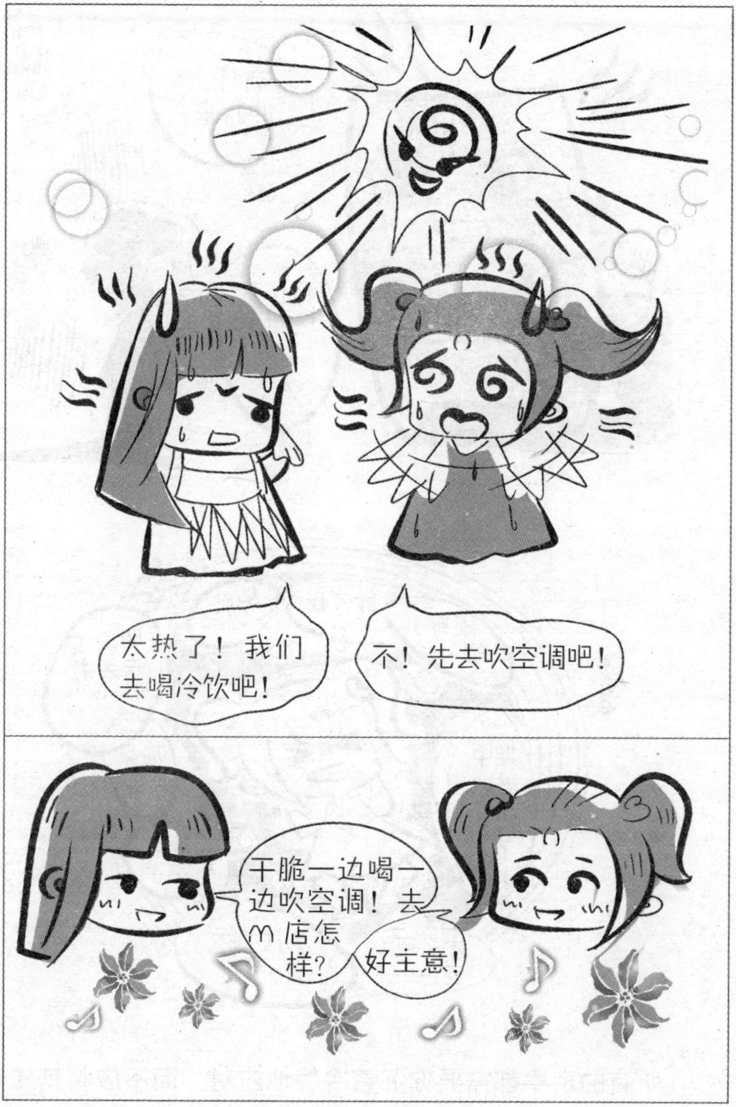
太热了！我们去喝冷饮吧！
不！先去吹空调吧！
干脆一边喝一边吹空调！去M店怎样？
好主意！

不要为琐事烦恼。“童子无知，老迈可恕。”

有什么
冲我来！
问题
好！我
只对事
不对
人！

还有小
耀……
昨天我
……
中午才
……
明天该
去买书
了……
期中
考试
快到
了
……
前天
……
刚才
……
本子还没
还……
大后天还
有……

所有的琐事都需要你沉着冷静地应对，而不应将其转化为敌意。否则，敌意会给你惹来更多的麻烦。

对啊！小耀昨天借我五元还没还！简直是“没心没肺”！不能再借给他了！

你还欠我五元啊！想赖账不还啊！
明明说好了今天还的……谁赖账了……

所有问题都可以协商，敌意只会使事情更糟。

真尴尬……
对不起！原来是我记错了……错怪你了……哈哈哈……
小意真是的！下次别乱冤枉人……

控制住了内心的敌意，事情就可以得到较圆满的解决。

社会是否公平是一个问题的两个面，所有问题都需要一个解决的过程（绝对公平是童话故事的幻想）。

很多问题不是你想象的那样严重。青少年阅世不深，很容易把问题看得很严重。其实世界并不像你想的那样糟糕，更重要的是多数人是善良和友好的。

才开始练瑜伽都会有点痛……哈哈！
好痛啊！老师你太狠了！我和你没仇吧！呜……
老师你简直是恶魔！我不练瑜伽了！
加油！我不会害你的，再坚持一下就成功了！
数周后
哈哈，游刃有余。
老师！我真的做到了。原来练瑜伽也不是那么充满痛苦与仇恨的啊！

黑夜和白天都是自然规律，当你充满敌意时，你就容易被黑暗所蒙蔽。其实生活不是战斗。

社会上确实有骗子和坏人，我们在正常生活中必须保持戒心，避免上当。但是戒心不是敌意，两者前提不一样：敌意是事先把人设想为自己利益的侵犯者，是敌人；戒心是防止自己利益不当流失。

该死！我的钱包被偷了！车上怎么到处都是小偷！天下有贼啊！
我都提醒你要小心车上的小偷了……

我们要学会区分戒心和敌意。敌意是情绪化的态度，戒心是理智化的态度（不因友好而放弃）。

不能区分戒心和敌意，就容易因小失大。

这小女孩挺警觉，不好下手。
这个人怪怪的。

傻瓜！
你不要靠近我！贴这么近该不会是小偷吧。

敌意才是偷走你时间、精力和好心情的小偷！

有敌意时可以向朋友诉说。

嗷！
嗷！
你有什么
烦恼和我
说说吧。
敌意
那我说了
哟……
滔滔不绝
呵呵……
你的敌意
还真不少
啊！

在诉说过程中，我们会把事情原委理得更清楚，也容易发现自己的问题之所在，而且情绪得到宣泄后，敌意就会减少许多。

苛刻、完美主义者容易对周围的人不满意，产生敌意。学会宽容，顺其自然，敌意自然减少。

人生的宴会上，你是用苛刻的眼光看人吗？——那他们会以同样的目光看你！

生活中不必事事计较，学会放下。

放下过去的恩恩怨怨，你会感到海阔天空。尤其是成年之后，再回头看学校里的各种糗事，你会哑然失笑。

施主，你不累吗？
不累？你过来试试就知道了！哼！
仇恨
不满
敌意
那为何不放下？路上还有美景，却如此劳累而错过，甚是可惜啊……
仇恨
不满
敌意
呃……大师这么一说也有道理，可我这一生的东西就这么放下了，值不值啊？
愤怒
值与不值，你心中早有定论。只是眼前一时放不下，现在放下了就好好享受人生吧！

有人认为消除敌意就是要敞开心胸，其实并不尽然，而是需要对症下药。

剖析敌意表象下的其他复杂心理。

不要把他人都当成要侵犯自己利益的人。

啊！不会是蛇吧？会咬人的呀！
一堆草绳
小迪，今天气色不错啊！
蛇？
干什么！一上来就对我说好话，不安好心……

要缩小自己的利益防御圈。

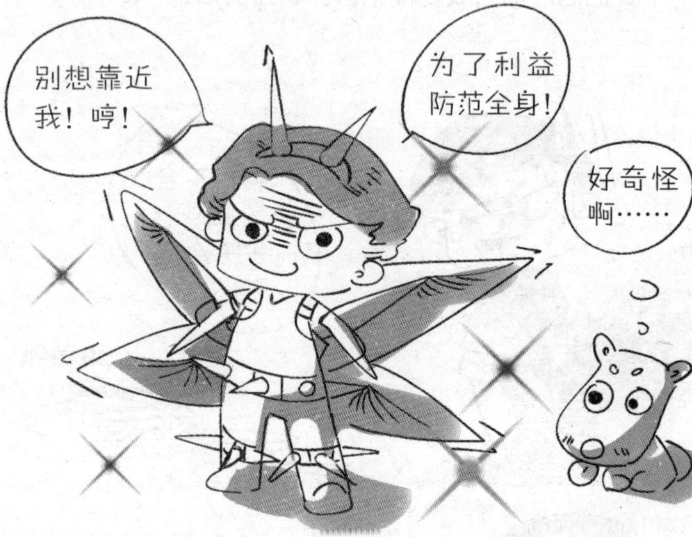
别想靠近
我！哼！
为了利益
防范全身！
好奇怪
啊……

同类相见，分外眼红！

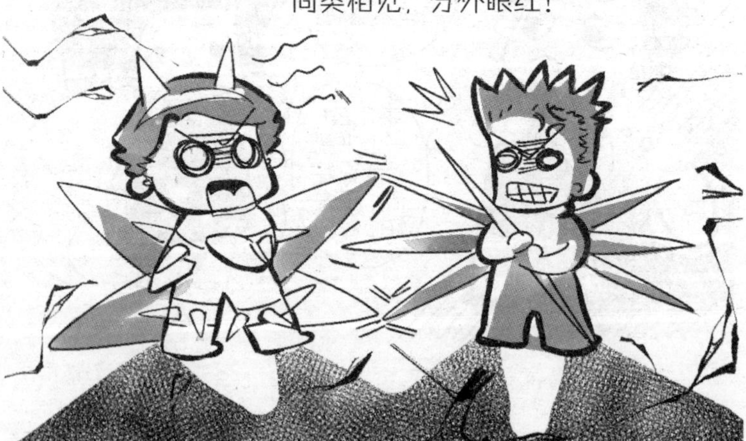

培养自信心，当你自卑减少时敌意也会减少。

小迪向小烈学习网球

第一次打网球，请多指教！
就你这小身材？别开玩笑了……
不行，我不能和他生气。
我不会可以学，不必自卑，虚心学习一定会成功的！
这下不会再说我是三脚猫了吧？
不敢了！

树立一个平等待人、尊重他人的价值观。

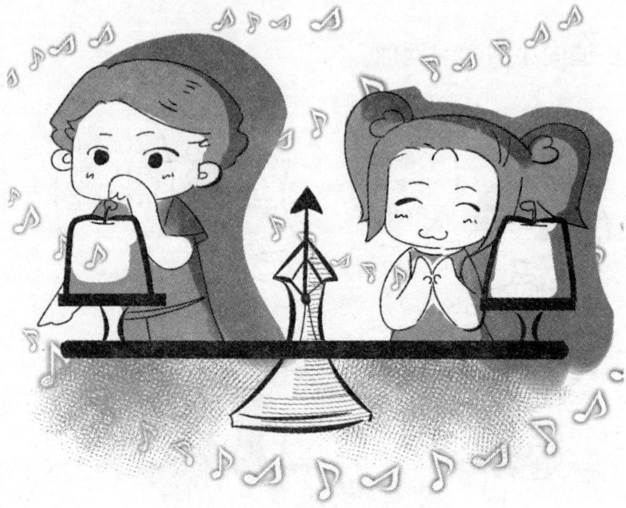

用敌意来处理问题，容易走入死胡同。

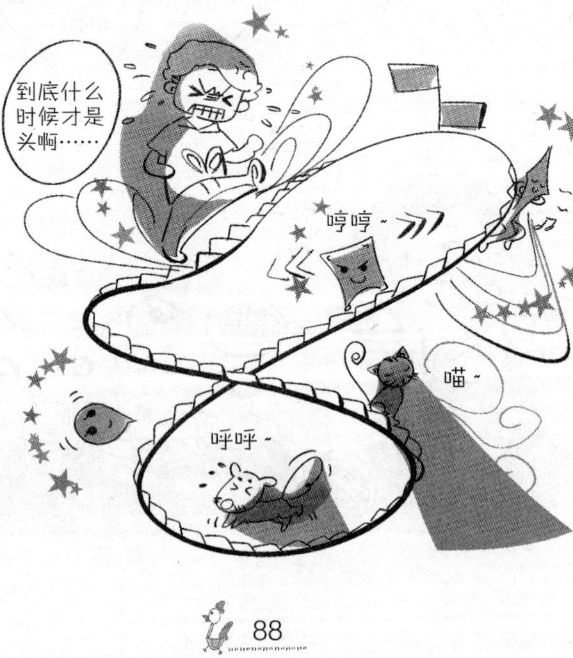
到底什么时候才是头啊……
哼哼~
喵~
呼呼~

学习用更多、更复杂的方式来解决问题。

敌意
冷漠
怯弱
理智
冷静
仔细考虑好了再做决定……
选哪个好呢?

在解决问题时，你会选择打开哪扇门？为什么？

用不同的方式来处理问题，敌意也减少了。

除草可以用手拔的!
也可以用除草剂!

如果是因为自己内心的困扰而产生敌意，那就想办法解决自己内心的困扰问题，而不是把情绪发泄到他人身上。

我刚刚被狗咬了！所以我现在很不爽……
别发火！
痛！
你现在应该先去打疫苗，这才是问题的解决之道。
呃……你……说得对……
衰

有位哲人告诉年轻人：在已付出的基础上再进一小步，你将有很大收获。

小迪弄了一大块墨水印在小意的新裙子上，小意生气极了，好几天都不和小迪讲话……
怎么办啊？
咦？怎么有条新的裙子？还挺美的……

小迪终于鼓起勇气去找小意，但似乎还有些犹豫……
呃……那个……裙子好看吗？……是我赔给你的……还有……那个……就是……
小意对小迪这样不干脆的样子感到失望……
对不起！裙子的事是我的错！请原谅我吧！
好了，我接受你的道歉。
那我们还是好朋友吧？
那还用说吗！最好的朋友。

当你勇敢说出一句“对不起”时，也许这一小步就可以让你前进一大步。

多付出一点时间、耐心、关爱，人生就会有大改变。

多花点时间学习。

努力

多点耐心帮助别人。

对，就是这样，慢点，仔细点。
好玩

多给身边的朋友关爱。

小汪，你怎么了，是不是不舒服，生病了？
~呜~
那我们送它去动物医院看看吧！

你只要比现在的自己多付出一点，你会发现世界更美丽了。

如果你已经把敌意当成人生态度，那就要看心理医生了。

小迪面对心理医生会如何应对呢？

我来看心理医生也不过是个形式，我的内心早已黑暗无比，没救了！你省省吧……
不试试怎么知道呢？呵呵……
啊！比我还要黑暗的存在啊！
亮出你心底的黑暗吧！少年！让我见识一下吧！
实际情况
真的有用呢！心情舒畅多了……
应该看开些……
嗯，可是我……

古代有两个狗神，一个代表善意，一个代表敌意。
因为立场不同，它们发生了九千年的争斗。
然后又发生了什么？
哇！好神气的狗神！
九千年的对抗也未分出胜负！
敌意的狗神凶神恶煞！
善意的狗神心地善良！
那肯定是敌意的狗神赢了！它多厉害啊！
不！是善意的狗神赢了！正义才最强！
照我说都别打打杀杀了！握手言和才是最佳结果！
呵呵，这两个狗神就在你自己心中啊！你希望谁胜谁就能胜啊！

如何化解他人的敌意？

首先消除自己心中的敌意。这个世界有个潜规则，就是人与人之间应该对等对待。用古语来说，就是“来而不往非礼也”！如果你充满敌意地对待他人，他人一般也会回报你敌意。

而且这个世界没有傻子。你如何对待他人，他人会从你的言论和行为中感受到你的态度。你是友好的，他人则报以微笑；你是敌意的，他人则报以戒心和报复。

主动理解对方。每个人都有一本难念的经，他的故意自有他的理由。

你说啊！明明是他的错，却赖到我的头上，我早就说过……
小迪又气冲冲地朝小意发泄今天的不顺心……
哎，他一发牢骚就像“老太太的裹脚布——又臭又长”……得让他停下来。
哦，我理解你嘛，“也许”你是对的！
良言一句三冬暖
呃……突然这么接话让我不好意思再说下去了啊……

对待偶然遇到的敌意可以忽略，也可以一笑置之。

（如果你面对他人的怒目能够嫣然一笑，呵呵，你就太强大了！）

面对偶然的敌意，
就让它像浪花一样消散吧……

如果抱有敌意的人是自己每天都要接触的人，你可以主动打招呼，微笑示好。

呃……这下我
反而不好意思
针对她了……
伸手不打笑脸人。
啊哈★
……

对他人持续的敌意或较重的敌意可以用关心、帮助和主动沟通去化解。

永远有多远，你就给我滚多远！
我知道你生气是因为遇到了不好的事，但你想想退一步海阔天空啊！别气坏了。

如果确实是自己做错了，可以通过真心的道歉来消除他人的敌意。

对不起
有时候，一句真诚的道歉就可以为交流架起一座桥梁。

倾听，让对方发泄。

若有烦恼请及时倾诉。

就是自己没做错，谦让一下也是可以的。

真心祝福他人。

小鲤鱼想去跳龙门，希望得到朋友的支持……
别傻了！不可能！
我还想多活几年呢，别折腾了。
哈哈！这是我今年听到最好笑的笑话！
只有小小的水蛇祝福他……
真的？
你真的相信我能行？不笑话我？
你一定能成功的，我相信你！加油！
如果我跃过龙门修炼成通天御地的应龙，一定带你乘奔御风，看尽山河风光！
嗯！我等你！
给予真诚的祝福是化解敌意和戒心最好的武器。

主动表示友好，开始问候，分享他人的快乐（他人的敌意是因为他有气，未必就是你的错。但你还是可以高姿态）。

赶稿！
赶稿！
好友
烦！赶稿子！烦！赶稿子！烦！赶稿子！烦！……
她这样太累了，心情不好对身体不利。
担心

微笑
别生气了，给你煮了莲子杏仁粥，清热去火，快喝吧！
干什么！没看到我正忙着吗？
都是好朋友，关心你是应该的。
对不起，我刚才朝你吼叫了，你还为我煮粥。
谢谢！

消除他人的威胁感。如果在竞争中对方视你为威胁，你可以告知他避免具体冲突的方法和措施。

刚
VS
迪
别想得那么严重，
咱们只是在考场上一分
胜负，不管谁输谁赢
我们都还
是朋友！
瞪
是啊，我
也可以学
习太极拳
啊！
太极四两拨千斤

消除他人的挫折感，安慰他人，提供切实的帮助。

小汪的腿被捕兽夹夹住了，痛得要命，希望有人能救它……
嗷嗷
呜呜……
它因为疼痛而脾气暴躁，让人无法接近。
乖，不要怕，我们来帮你！

拒绝他人的不合理要求应该温和而坚决。温和是语气，坚决是态度。青少年如果学会用温和的语气表达自己坚决的态度，那将是终身享用不尽的财富！

小意，快考试了，能不能在考试时“照顾”我一下。
啊，那个不可以哟，不行的。
别这样嘛！都是朋友，你心地善良，这个小忙你不会拒绝的。
真的不行哟！作弊是不行的！我可以帮你复习，借笔记都行。
我们一起复习迎接考试吧！
呃……好吧……

面对他人指责，不要急着指责他人。

你们商场卖的什么破烂！质量这么差还好意思摆出来出售！我要求退货！
笑容满面
请这位顾客稍安勿躁，容我看看商品的情况好吗？
怒气冲冲
职业笑容
这位顾客久等了。经过鉴定，我们认为该商品是使用不当，人为损坏的。这是检验单。根据规定，它不属于退货范围，不过，我们可以帮你免费维修！
玩具
检
真是谢谢你啊！

幽默。幽默是智者的俏皮，是化解矛盾和敌意最有效的方法。

啊！
哼！
呃……你知道这世上谁跑得最快？……哈哈
不好！他生气了！转移话题……
博尔特！
不对，再猜。

其实是曹操才对。因为“说曹操，曹操到”。哈，哈！
哈，哈！哈！
刚才杯子的事，真对不起！我买一个新的给你吧。请原谅我！
没关系啦！你道过歉就行了。

尊重他人的诉求和利益，不要侵犯他人的利益。

这次扫除由我来指挥，你负责扫地、拖地、擦窗户……
呃……全归我？那你呢？
我负责给讲台上的花瓶换水！没啦！
这……
既然你这么闲，那我看还是全交给你吧！我回家了！
哎呀！别啊……我们再商量嘛……

不说伤害他人感情的过头话，“打人不打脸，骂人不揭短”。

又打碎了……呜呜……对不起……
真是成事不足，败事有余！
就知道哭！
好凶啊……完蛋了，她发飙了……
你既然这么说，那以后你都自己收拾吧！别再烦我了！
哭什么！还不快收拾！

尽可能不在背后议论他人，说他人坏话。

你听说了吗？班长这次没选上校干部……
嘿嘿！活该！谁叫他平时那么拽。
幸灾乐祸
兴致勃勃
我失败了你们就在背后暗爽？
生气
没有，我们说着玩的……
哎呀，是开玩笑的，别当真……
尴尬

不要贬低他人。

这次考试我又是第一！别嫉妒我，你们是低能低智商。
怎么可能赢得了我呢！哈哈！
自满
真讨厌！
真是个失败的人。
没救了……
别做自满的不倒翁去贬低他人，虽然一时不倒，但内部依旧空空如也！

如果要减少自己的敌意，化解他人的敌意，与他人保持一定距离也很重要。

人与人之间应该保持一定的距离，距离远近的原则是让自己愉快，别人轻松。

亲人之间，距离是和睦；恋人之间，距离是甜蜜；朋友之间，距离是爱护；同事之间，距离是友好；陌生人之间，距离是礼貌。如果你在所有距离中都感到敌意，那是因为你要求的距离太远了！

有的人敏感、偏执，易猜疑，心胸狭隘，总习惯把自己放在他人对立面，喜欢抱怨和责怪他人。因此，不是所有人的敌意都可以化解（知其所限，知己所限）。我们可以用同情心和怜悯心善待对方，并尽可能敬而远之。

敌意之山
纵使你有愚公的气魄，但你又如何得知你面前的山就一定是你要移的那座山呢？

总之，程度不同的敌意，不同原因引起的敌意只能用不同的方法去化解。

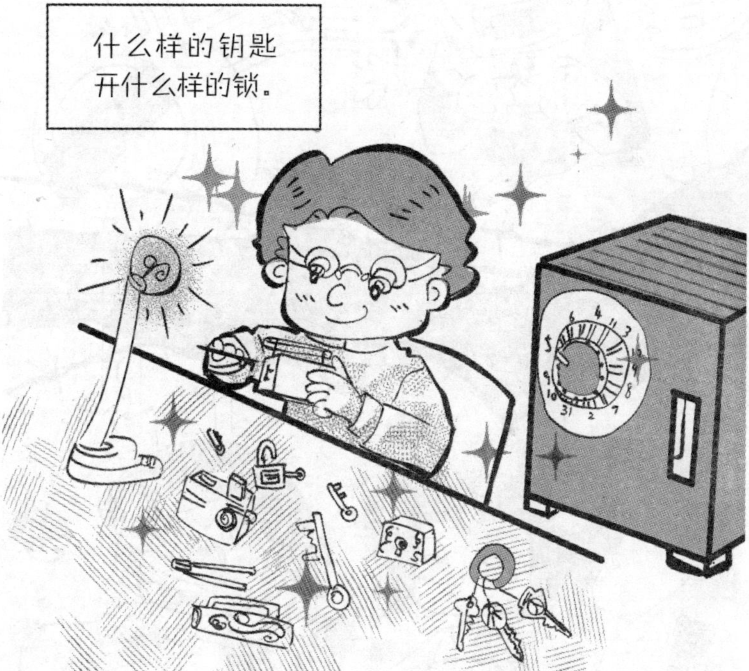
什么样的钥匙
开什么样的锁。

如果你始终无法消除别人对你的敌意，你也无须在意，走自己的路，让他去“敌意”吧！

思考练习

你有化解自己心中的敌意或他人敌意的方法和经验吗？

参考文献

艾里斯，2007. 别跟情绪过不去［M］. 广梅芳，译. 成都：四川大学出版社.

伯恩斯，2011. 新情绪疗法［M］. 李亚萍，译. 北京：中国城市出版社.

格里格，津巴多，2005. 心理学与生活［M］. 王垒，王甦，译. 北京：人民邮电出版社.

赫根法，1988. 现代人格心理学历史导引［M］. 文一，等译. 石家庄：河北人民出版社.

里维斯，2007. 40法建立孩子正确价值观［M］. 橄榄编译小组，译. 成都：四川大学出版社.

派瑞，2007. 伴青少年渡过挣扎期［M］. 柳惠容，译. 成都：四川大学出版社.

张笑恒，2009. 如何处理你的坏心情［M］. 北京：北京工业大学出版社.